刘勰与《文心雕龙》

◎ 主编 金开诚

◎ 编著 李金宏
李珊珊

吉林出版集团有限责任公司

吉林文史出版社

图书在版编目（CIP）数据

刘勰与《文心雕龙》/ 李金宏，李珊珊编著 . —长春：吉林出版集团有限责任公司：吉林文史出版社，2010.11（2022.1重印）

ISBN 978-7-5463-4106-4

Ⅰ.①刘… Ⅱ.①李… ②李… Ⅲ.①刘勰（？～23）－人物研究②文心雕龙－文学研究 Ⅳ.① K825.6 ② I206.2

中国版本图书馆 CIP 数据核字（2010）第 222264 号

刘勰与《文心雕龙》

LIUXIE YU WENXIN DIAOLONG

主编/ 金开诚 编著/李金宏 李珊珊

项目负责/崔博华 责任编辑/崔博华 刘姝君

责任校对/刘姝君 装帧设计/柳甬泽 王丽洁

出版发行/吉林文史出版社 吉林出版集团有限责任公司

地址/长春市人民大街4646号 邮编/130021

电话/0431－86037503 传真/0431－86037589

印刷/三河市金兆印刷装订有限公司

版次/2010 年 11 月第 1 版　2022 年 1 月第 6 次印刷

开本/640mm×920mm 1/16

印张/9 字数/30千

书号/ISBN 978-7-5463-4106-4

定价/34.80元

前　言

　　文化是一种社会现象，是人类物质文明和精神文明有机融合的产物；同时又是一种历史现象，是社会的历史沉积。当今世界，随着经济全球化进程的加快，人们也越来越重视本民族的文化。我们只有加强对本民族文化的继承和创新，才能更好地弘扬民族精神，增强民族凝聚力。历史经验告诉我们，任何一个民族要想屹立于世界民族之林，必须具有自尊、自信、自强的民族意识。文化是维系一个民族生存和发展的强大动力。一个民族的存在依赖文化，文化的解体就是一个民族的消亡。

　　随着我国综合国力的日益强大，广大民众对重塑民族自尊心和自豪感的愿望日益迫切。作为民族大家庭中的一员，将源远流长、博大精深的中国文化继承并传播给广大群众，特别是青年一代，是我们出版人义不容辞的责任。

　　本套丛书是由吉林文史出版社和吉林出版集团有限责任公司组织国内知名专家学者编写的一套旨在传播中华五千年优秀传统文化，提高全民文化修养的大型知识读本。该书在深入挖掘和整理中华优秀传统文化成果的同时，结合社会发展，注入了时代精神。书中优美生动的文字、简明通俗的语言、图文并茂的形式，把中国文化中的物态文化、制度文化、行为文化、精神文化等知识要点全面展示给读者。点点滴滴的文化知识仿佛颗颗繁星，组成了灿烂辉煌的中国文化的天穹。

　　希望本书能为弘扬中华五千年优秀传统文化、增强各民族团结、构建社会主义和谐社会尽一份绵薄之力，也坚信我们的中华民族一定能够早日实现伟大复兴！

目录

一、独步齐梁堪称一绝属刘勰 ⋯⋯⋯⋯⋯ 001

二、惊天巨著横空出世时代之需 ⋯⋯⋯⋯⋯ 053

三、中国古代文学理论之冠冕 ⋯⋯⋯⋯⋯ 073

四、影响广泛局限九牛之一毛 ⋯⋯⋯⋯⋯ 127

一、独步齐梁堪称
　　一绝属刘勰

在中国文学史上,《文心雕龙》是一部讲文学理论和文学批评的专门著作。它总结了齐梁以来各种文体的写作经验,使之上升到文学理论层面,而且还运用这些理论对各个时代和各种体裁的文学作品进行了深刻的批评,是一部世界文学史上空前绝后的文艺创作理论集大成之作。历代学者论文、论诗之作,如钟嵘的《诗品》、司空图的《二十四诗品》、严羽的《沧浪诗话》、刘熙载的《艺概》,

无不受《文心雕龙》的影响,《文心雕龙》在继承先秦、两汉文学理论的基础上,建构了系统的文体理论、批评理论、创作理论和美学理论。它不仅在中国美学思想史上占有重要地位,而且在世界美学史上也处于重要地位。

它是中国文学理论批评史上第一部有严密体系的、"深得文理"、"体大而虑周"(章学诚《文史通义·诗话篇》)的文学理论专著,和唐朝刘知几的《史通》、清朝章学诚的《文史通义》,并称中国文

史批评三大名著。它的作者刘勰可以说
是中国文学史上最大的文学理论家和批
评家。

（一）走入定林

　　刘勰（约 465—520 年）的生平在《梁
书》和《南史》里都有记载。《梁书·刘
勰传》："刘勰，字彦和，东莞莒人。""东
莞莒人"说的是刘勰的祖籍。南北朝时
的北方政治动乱，导致了长期的战争与

杀戮。西晋永嘉年间（307—313 年），为了避祸，大批的士族和平民被迫南迁，这就是历史上有名的"永嘉南渡"。当时处在这种地理位置上的莒地自然无法摆脱这样的情势，于是刘勰的先人就举家迁到京口（今江苏镇江）。尽管他们保持了东莞郡莒县的户籍，准确的说法应该是徐州东莞郡莒县都乡长贵里，但已经是身居异地了。

刘勰是中国历史上著名的文学理论家。他曾官县令、步兵校尉、宫中通事舍人，颇有清名。晚年在山东莒县浮来山创办定林寺。刘勰虽身兼数职，但其名不以官显，却以文彰，一部《文心雕龙》奠定了他在中国文学史上和文学批评史上不可或缺的地位。

据《梁书·刘勰传》记载，刘勰早年家境贫寒，笃志好学，终生未娶。他的祖父叫刘灵真，除了《梁书·刘勰传》

提到"宋司空秀之弟也"以外，不见其他史传记载。刘秀之是宋代司空，官位仅次于丞相，然而刘灵真这一系已属旁支远族了。据王元化先生的考证，"刘勰并不是出身于士族，而是出身于家道中落的贫寒庶族"。

两晋南北朝时期，士庶之别非常严重。不过，虽然整个六朝时期士庶观念严格，但在不同的历史阶段，还是有所缓和的。而刘勰出生的时代就是士庶区分有所缓和的时期。也许正因如此，就在刘勰出生前后，他的父亲刘尚开始步入仕途。到刘勰5岁左右，也就是宋明帝泰始七年（471年）前后，刘尚升任越骑校尉一职。乃一武职，官阶四品。这对刘勰的童年应该是有很大影响的。另外，宋明帝于泰始六年（470年）设立总明观，"征学士以充之"，并设置"东观祭酒""访举"各一人，同时"举士二十人，分为儒、道、文、史、阴阳五部学"（《南

史·宋本纪下》），这一文化史上的重要事件也会影响到刘尚对幼年刘勰的教育。

在刘勰 7 岁时，他做了一个对其一生都产生了重要影响的美梦。刘勰在《文心雕龙·序志》中，追忆他所做的梦："予生七龄，乃梦彩云若锦，则攀而采之。"他梦见了一片五彩祥云，犹如锦缎般美丽，便"攀而采之"。显然，刘勰之所以有如此吉祥的美梦，是因他所受的家庭教育正是儒家建功立业的思想。然而，这

样的美梦不但没有实现，还发生了一件让他备受打击的事情。宋后废帝元徽二年（474 年），其父刘尚在一次保卫首都建康的战斗中战死，刘勰那一年才 8 岁，这一打击无疑是灾难性的。《梁书·刘勰传》说："勰早孤，笃志好学，家贫不婚娶。"从父亲去世到 20 岁左右，刘勰在发奋读书中度过了自己从少年至青年的这段时光。

　　479 年 4 月，萧道成即位，是为齐高帝，历史进入了齐代。萧道成 13 岁就接受儒家的教育，研究《礼》及《左氏春秋》。因此他即位以后，便重用擅长《经》《礼》的王俭，从此君臣唱和，儒学大振。建元四年（482 年）正月，萧道成设立国学，"精选儒官，广延国胄"（《南齐书·高帝纪下》），崇儒重学之风吹遍全国。第二年三月，齐高帝萧道成去世，太子萧赜即位，是为齐武帝。他更是承继高帝之风，为儒学之兴推波助澜。他不仅仍重用王俭，而且优礼有加。上行下效，一时形成所谓"家寻孔教，人诵儒书，执卷欣欣"（《南齐书·刘瓛陆澄传论》）的盛况。当此之际，少年刘勰所受到的影响也是很深的。

萧齐政权一方面弘扬儒学，另一方面对佛教也是极为重视的。齐武帝萧赜刚刚即位之时，皇太子萧长懋便将当时

的大乘佛学名僧集中于宝地禁苑"玄圃园"安居，表现了对佛教的顶礼膜拜。齐武帝即位的第二年（永明元年，即公元 483 年），被封为竟陵王不久的萧子良召集名僧，开设讲坛；佛徒高僧济济一堂，形成沈约所谓的"旷代之盛事"（《为齐竟陵王发讲疏》）。萧长懋还以皇太子之尊，萧子良则以竟陵王之贵，拜定林寺僧柔及僧远等人为师。这对刘勰的思想也产生了非常重要的影响。

后来刘勰在这一点上，认为儒道佛三教的精神价值观念可以互融，而佛学

可以修正中国传统儒道二教的不足之处，
具体说来便是精神蕴涵不够深入、耽于
世俗的弊端。刘勰在《灭惑论》中说："至
道宗极，理归乎一；妙法真境，本固无
二"，"经典由权，故孔释教殊而道契；
解同由妙，故梵、汉语隔而化通。但感
有精粗，故教分道俗；地有东西，故国
限内外。其弥纶神化，陶铸群生，无异也。
故能拯拔六趣，总摄大千，道惟至极，法
惟最尊"。在刘勰看来，儒、道、佛在"道"
的问题上是可以相通的。不过在《文心雕
龙》中，主导思想是以儒家思想为核心，
其中虽然也有某些道家和佛家思想的影

响，但构成它文学思想纲领及核心的，则是儒家的思想。

永明四年（486 年）前后，也就是在刘勰 20 岁左右，他的母亲也去世了。永明八年（490 年）前后，刘勰来到京师，举步踏入钟山名刹定林寺。依身沙门僧佑。暮鼓晨钟，青灯黄卷，这是弱冠之后刘勰的主要生活内容。

据《梁书·刘勰传》记载："（刘勰）

依沙门僧佑，与之居处，积十余年，遂博通经论，因区别部类，录而序之。今定林寺所藏，勰所定也。""积十余年"，意味着刘勰几乎全部的青春时光都是在定林寺度过的，而沙门僧佑则成为这一时期刘勰生活中关系最为密切的人。

据梁代慧皎《高僧传·僧佑传》记载："（僧佑）年数岁，入建初寺礼拜，因踊跃乐道，不肯还家。父母怜其志，且许入道，师事僧范道人，年十四，家人密为访婚,佑知而避至定林,投法达法师。达亦戒德精严,为法门梁栋。佑师奉竭诚,及年满具戒,执操坚明。初受业于沙门法颖,颖既一时名匠,为律学所宗。佑乃竭思钻求,无懈昏晓。"僧佑俗姓俞,他不仅是佛学大师,精通佛理,而且也是当时著名的学者,读过很多儒家经典。幼年时期,父母带其入建初寺礼拜,便表现出对佛教的浓厚兴趣,竟至不肯回家。父母只好从其所愿,任其出家入寺,

奉僧范为师。父母本以其年幼任性，未必真心向佛，所以当他 14 岁以后，便私下里为其订下婚事。谁知当他知道以后，便逃到定林寺，投靠法师法达。法达乃是定林寺创建者昙摩密多的弟子，其"戒德精严，为法门栋梁"（《高僧传·僧佑传》）。僧佑竭诚奉事法达，更加执操坚明，其家庭亦莫可奈何了。年满具戒以后，僧佑又受业于律学名匠法颖，随侍尽心二十余年，"竭思钻求，无懈昏晓，遂大

精律部，有迈先哲"（《高僧传·僧佑传》），成为佛家律学名僧。法颖去世后，正值竟陵王萧子良倡隆佛法之时，僧佑自然经常被请去讲律，听众常达七八百人之多。从这些记载来看，僧佑是一个具有虔诚宗教情结的人，对佛教典籍的钻研达到了痴迷的地步，曾编有著名的《弘明集》，同时多才多艺，人格高尚，在朝野广受世人景仰。这无疑对刘勰产生了重要的影响。

刘勰跟随僧佑十余年，所受影响是难以估量的。比如，《梁书·刘勰传》说刘勰"家贫不婚娶"，其实"家贫"可能只是原因之一，而僧佑的影响也是存在的。不过，从刘勰居于定林寺十余年却并未出家来看，虽其"信佛"之心固然不假，却未必仅仅因为一般的"信佛"而"不婚娶"，倒是与之朝夕相处的大德高僧僧佑的影响可能更为直接。

南朝齐武帝永明年间（483—493 年），

僧佑奉命到江南讲佛学，并修建庙宇，收藏佛经。当时定林寺是南朝一个佛教中心，藏书很多，刘勰在那里一方面帮助僧佑整理佛经，一方面在那里读了大量的经史子集等文学著作。这样他不仅精通了佛学，对于儒家的经书也非常倾心。永明十一年（493 年）之后的几年时间里，刘勰作为僧佑的得力助手，帮助他整理佛经、厘定文献、区别部类、造立经藏、撰制经录，"或专日遗餐，或通夜继烛；短力共尺波争驰，浅识与寸阴竞晷"（僧佑《法集总目序》）。由于博学多才，寺院不少僧侣碑志，也多出自他的手笔。至今在定林寺中仍留有巨碑"象

山树"三个篆字。

（二）年梦随孔子

　　齐明帝建武五年（498 年）前后，已逾而立之年的刘勰又做了一个美梦："齿在逾立，则尝夜梦执丹漆之礼器，随仲尼而南行。旦而寝，乃怡然而喜。大哉圣人之难见哉，乃小子之垂梦欤！自生人以来，未有如夫子者也。"（《文心雕龙·序志》）他梦见自己手捧红色的祭器，跟随孔子向南走。梦醒以后，他感到非常高兴。以为孔圣人向他招手，更坚定了他著书立说宣扬儒家经典的决心。于是他便开始写作《文心雕龙》。从这里可以看出他对孔子的崇拜和对儒家经典的重视。他的《文心雕龙》正是以儒家经书做依据的。刘勰身居佛寺却未出家而又梦随孔子，这与他的人生理想有关。他在《序志》

篇中说："夫宇宙绵邈，黎献纷杂；拔萃出类，智术而已。岁月飘忽，性灵不居；腾声飞实，制作而已。夫肖貌天地，禀性五才，拟耳目于日月，方声气乎风雷；其超出万物，亦已灵矣。形同草木之脆，名逾金石之坚；是以君子处世，树德建言。岂好辨哉？不得已也。"

而关于著书立说的具体方向的问题，刘勰在《序志》篇里说："敷赞圣旨，莫

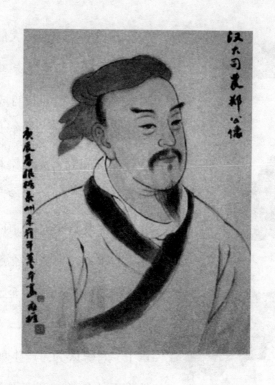

若注经，而马、郑诸儒，弘之已精，就
有深解，未足立家。唯文章之用，实经
典枝条。五礼资之以成，六典因之致用，
君臣所以炳焕，军国所以昭明，详其本源，
莫非经典。而去圣久远，文体解散，辞
人爱奇，言贵浮诡，饰羽尚画，文绣鞶悦，
离本弥甚，将遂讹滥……于是搦笔和墨，
乃始论文。"意思是要阐明圣人的思想，
最好的途径当然是给经书作注解，但是

东汉的马融、郑玄等大儒已经作了精深的阐述，自己即使在某些方面仍有一些深入的见解，也难以自成一家了。然而，考察文章的作用，其作为经书的辅佐则是毫无疑问的。无论祭祀、丧吊，还是朝觐、阅军，抑或婚嫁、冠礼，各种仪节都要靠文章来完成，国家的政治、教化、礼乐、军事、刑法、经济等等一切政务，无不靠文章来实施，至于君臣之间的沟通，军国大事的阐明，当然更离不开文章了。刘勰认为，产生如此广泛而重要的作用的各类文章，无不来源于儒家经典，正是这些儒家经典，才为后世文章树立了最好的榜样，也为后世文章的发展开辟了广阔的道路。所以，"论文"同样可以向儒家经典靠近，也就可以完成圣人的重托了。

岁月如梭，刘勰在建康附近的定林寺生活了十多年了，十年的皓首穷经，十年的博览累积，已是而立之年的刘勰，终于"搦笔和墨，乃始论文"，开始了《文心雕龙》的撰写，他在《序志》中称尊"仲尼陈训"而撰写《文心雕龙》。从建武五年至齐和帝中兴二年（502年）三月，刘勰全力撰写自己的论文之作。精研儒家经典之义理，深究佛门玄谈之论辩，标举文章写作之准则，探索知音赏鉴之奥秘。诗骚赋颂，有韵之文搜罗殆尽；章表奏记，无韵之笔囊括不遗。深入艺术构思之过程，辨别艺术风格之雅俗；明

确文学的时代理想，概括文学的本质特
征。纵观文学发展之道路，体察文学自
然之关系；总结比兴夸饰之方法，规范
剪裁之手段。篇章字句，安排推敲精雕
细刻；音韵声律，和谐流畅婉转自然。
大约用了三四年的时间，至梁天监元年
或二年时书成。刘勰在定林禅寺为中华
文化增添了光辉夺目的一章。这一凝结

着他才智与心血、思想与情感的巨著，可以说是一剂救治当时文体解散、言辞浮华、抵制讹滥文风的良药，虽在当时未曾发挥作用，但却诞生了中国文学史上第一部大气恢弘、体例完备的文学理论批评专著——《文心雕龙》。

（三）遇知音人

《文心雕龙》虽已写完，可是刘勰无名无权，又久居寺门之内，纵有旷世惊人之作，又怎能得到时人之肯定和承认

呢? 此时他想到了沈约——一个历仕宋、齐、梁三朝并成为当朝权贵、而又身兼文坛领袖的人。

沈约, 字休文, 生于宋文帝元嘉十八年（441年）, 吴兴武康（今浙江德清年）人。其先世乃东吴世家大族。祖父沈林子曾为刘宋开国君主刘裕的参军、征虏将军, 刘裕即位后, 封其为汉寿县伯, 迁辅国将军。沈约的父亲沈璞, 文帝时官至宣威将军、盱眙太守, 并以防魏有功，转淮南太守。宋文帝死后，王朝内乱，刘骏起兵夺得政权，由于沈璞未能及时响应，被宋孝武帝刘骏所杀。时年 13 岁的沈约四处潜逃，后遇大赦，幸免于难。宋明帝泰始元年（465 年），25 岁的沈约起家奉朝请，并为尚书右仆射蔡兴宗赏识，两年后，蔡出为安西将军、郢州刺史，便引沈约为安西外兵参军兼记室。泰始五年（469 年），蔡升任征西将军、荆州刺史，又以沈约为征西记室参军等职。

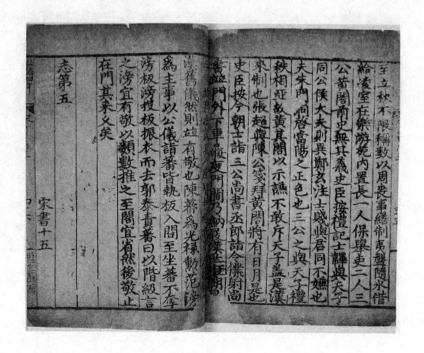

刘宋末年，沈约入朝为尚书度之郎。齐高帝建元元年（479 年），39 岁的沈约被任命为征虏将军、南郡王萧长懋的记室。建元四年（482 年），齐武帝萧赜即位，立萧长懋为太子，沈约被任命为步兵校尉，掌管东宫书记，受到太子的特别看重。后迁太子家令，兼著作郎。永明年间，沈约还受到竟陵王萧子良的赏识，为其门下"八友"之一。永明八年（490 年）以后，沈约迁中书郎、司徒右长史、黄

门侍郎，以及御史中丞等职。齐郁林王隆昌元年（494年），竟陵王萧子良辅政，54岁的沈约升任吏部郎。萧子良不久病死，沈约出为宁朔将军、东阳太守。齐明帝即位以后，沈约晋封辅国将军。建武二年（495年），55岁的沈约被征为五兵尚书。齐和帝中兴元年（501年），曾为"竟陵八友"之一的雍州刺史萧衍带兵攻入建康，不久便召集61岁的西邸旧友沈约，引为骠骑将军司马、左卫将军。沈

约趁机劝萧衍代齐而立，成为帮助萧衍成就帝业的功臣。梁武帝受禅，以沈约为尚书仆射，封建昌县侯。

刘勰之所以想到沈约，除了以其当朝勋贵的特殊地位，还因为沈约是一代辞宗，是齐梁文坛的领袖。他重视声律在诗歌创作上的重要作用，与谢朓等人创立了永明新体诗，推动了盛极一时的永明文学。其五言诗清怨和谐，意境独到，骨采完备，精拔可读。更重要的是，沈约以官场浮沉数十载、阅尽人间冷与暖的通达，加之对文学本身的精通，对文坛新人奖掖有加、不吝提拔；其谦谦儒风，受到文人学子的敬重与爱戴。这些原因，使得刘勰把希望寄托在了沈约的身上，希望自己的《文心雕龙》能够见诸于世。

至于刘勰是怎样使《文心雕龙》到达沈约手中的，《梁书·刘勰传》是这样记载的："约时贵盛，无由自达，乃负其书，候约出，干之于车前，状若货鬻者。"一次，刘勰把书背着，像一个卖书的小贩似的，在大路边等着沈约，当沈约坐车经过时，便拦住了他，求见献书。这不禁令人想起颇为相似的另一幅历史画面：三国曹魏时期，著名书法家钟繇之子钟会撰成论才性同异的《四本论》，自己颇为看重，欲取定于当时名士嵇康，于是便怀揣书稿来到嵇康宅外。徘徊了很长时间，但终于没有勇气敲门，于是便从门外抛至嵇康家中，急忙地逃走了。显然，以刘勰

当时的状况，尚难比钟会；以沈约当时之隆达，则远超嵇康。王公侯门深似海，即使想如钟会那样抛至其家，也是难以办到的。不过，刘勰还是迈出了他人生中最重要的一步。也许正是意识到这一历史时刻的重要性，《梁书·刘勰传》也作了较为详细而生动的记载。

当沈约好奇地把《文心雕龙》拿来阅读时，立即被其精辟的理论吸引了，认为此书"深得文理"（《南史·刘勰传》），大加称赏。后来又常常把《文心雕龙》

放在几案上随时阅读。经过沈约的称赞，
刘勰的名气才大起来，《文心雕龙》终于
在士林中传播开来。同时，38 岁的刘勰，
也告别了居留十多年的定林寺，"起家奉
朝请"，踏上了仕途。

（四）终能奉时

梁武帝天监初年，37 岁左右的刘勰
"起家奉朝请"（《梁书·刘勰传》）。虽做
了官，但是他还住在定林寺。"奉朝请"者，

奉朝会请召而已，既无官品，也没有职任；但既已"奉朝请"，则正式踏上仕途便指日可待。如上所述，沈约也正是自"奉朝请"开始了其漫长的仕宦生涯。对刘勰来说，直至进入人生之中年方得"奉朝请"，似乎太迟了些。不过，以庶族寒门的身世，其父亲又战死而无功，加之久居佛门十数载，自然无法相比出身世家大族的沈约。

天监三年（504年），刘勰终于正式踏上仕途。是年正月，梁武帝之弟、扬

州刺史、临川王萧宏进号中军将军；其
开府置佐，网罗幕僚，刘勰有幸成为他
的记室。记室之位虽然不高，然其专掌
文翰，职责还是颇为重要的。正因如此，
记室之人的选择相当严格。先后在萧宏
幕府中任记室之职者，有王僧孺、殷芸、
刘昭、丘迟、刘沼等人，或出身势族高门，
根基深厚；或励精勤学，博洽群籍；或
文章名世，工诗能赋；或少有奇才，为

世所重。因此，刘勰一入仕途便成为萧宏府中记室而居枢要之职，亦可谓幸运之至了。

天监四年（505 年）十月，梁武帝大举攻魏，命令王公以下各出租谷以助军饷，以中军将军、扬州刺史、临川王萧宏为帅，都督北伐军事。征讨北魏期间，以丘迟为咨议参军并兼记室，刘勰转为车骑将军夏侯详的仓曹参军。夏侯详乃齐朝勋贵，入梁以后，征为侍中、车骑将军，论功封宁都县侯。天监三年，迁使持节、散骑常侍、车骑将军、湘州刺史。其为官有道，深为湘州百姓所称颂。刘勰改任为夏侯详的仓曹参军，其职位与记室略同，都是公府十八曹参军之一，职掌仓帐出入等务。刘勰的改任，显然并非职务的升迁，不过以初入官场的无名小辈，不宜参加征魏之大举，也是在情理之中的。而夏侯详德高望重，其车骑将军之位亦高于中军将军，这对刘勰而言，自然是值得欣慰的。

天监六年（507年）六月，夏侯详被征为侍中、右光禄大夫，刘勰亦离开仓曹之职，出为太末（今浙江龙游）令，走上了治理一方的为官之路。《梁书·刘勰传》特地记载了刘勰治理太末的结果："政有清绩。"文字可谓简略之至，但作为父母官，没有比为官的清明和清廉更重要的了。那么，刘勰之颇有治事之才也就可想而知了。按照齐梁官制，"莅民之职，一以小满为限。其有声绩克举，厚加甄异；理务无庸，随时代黜"（《南齐书·武帝纪》）。所谓"小满"，《南史》有云："晋宋旧制，宰人之官，以六年为限，近世以六年过久，又以三周为期，谓之小满。"

三年期满以后，天监十年（511年）正月，刘勰被任命为仁威南康王萧绩的记室，兼太子萧统的东宫通事舍人。萧绩乃梁武帝第四子，天监七年（508年），封南康郡王，邑二千户；天监十年，迁

使持节、都督南徐州诸军事、南徐州刺史，进号仁威将军。萧绩时年只有7岁，且其仁威将军之号位列十六班，而刘勰先后做过中军将军萧宏的记室、车骑将军夏侯详的仓曹参军，因此若论职位，似乎是谈不上升迁的。然而，萧绩乃梁武帝之子，自幼聪警异常，梁武帝爱之有加；所以提拔刘勰为其记室，乃是莫大的光荣。更为重要的是，刘勰同时成为东宫之主、太子萧统的通事舍人，则是受到梁武帝的信任，是显而易见的。若以职位而论，东宫通事舍人之职位列末班，官品很低；但东宫官属的选拔，要么是出身世家大族而声名清要，要么是才华出色而众望所归，其严格谨慎，是一般职位所不能比拟的。以庶族寒门出身的刘勰，若无"深得文理"之名以及"政有清绩"之声，大概是不会有此殊荣的。

萧统生于齐和帝中兴元年（501年）九月，乃梁武帝长子。当时萧衍已近不惑之年，喜得贵子，甚为宠爱；登基不久，便立为皇太子，其时萧统不到2岁。萧统生而聪慧，3岁开始读《孝经》和《论语》，5岁已遍读"五经"，且完全能够背诵。6岁时出居东宫。天监八年（509年）九月，9岁的萧统在寿安殿讲《孝经》，已完全理解全书之义。对于富有才华的文人，萧统更是赞赏有加。或讨论篇籍，或商榷古今，或谈佛论道，或著文赋诗；一时间，东宫之内可谓文士毕集，名才咸至，盛况空前。关于刘勰和萧统的关系，

《梁书·刘勰传》只有这样一句话："昭明太子好文学，深爱接之。"刘勰以知天命之年而奉事萧统，且有"深得文理"的《文心雕龙》名世，其深得"爱接"自是情理之中的事情。

天监十六年刘勰上表建议，得到了梁武帝的好感，从而获得了一次升迁。《梁书·刘勰传》记载："时七庙飨荐已用疏果，而二郊农社犹有牺牲，勰乃表言二

郊宜与七庙同改；诏付尚书议，依勰所陈。"天监十六年（517 年）四月，隆佛正盛的梁武帝曾下诏，要求天子宗庙的祭祀品不能再用家畜，因其"无益至诚，有累冥道"（《隋书·礼仪志》），与佛家不杀生之旨不合；至十月，梁武帝再次下诏，因为宗庙祭祀虽已不再用牺牲，但还有干肉一类的东西，诏书要求改用疏果。这就是所谓"时七庙飨荐已用疏果"。不过，梁武帝的两次下诏，皆引起"公卿异议，朝野喧嚣"（《南史·梁本纪上》)，其至有不服从诏命者；而祭祀天地社稷之神的郊社之祀，仍然使用牺牲。这便是刘勰上表的用意了，他认为既然天子七庙之祭祀已经改用疏果，二郊农社之祭祀亦当与七庙相同。显然，刘勰的表奏是符合梁武帝之意的。天监十七年（518 年），52 岁的刘勰升迁步兵校尉，仍兼东宫通事舍人。步兵校尉职掌东宫警卫，位列六品；较之属于九品的通事舍人，已经是连升三级了。历任此职者，

都是士林名流，所以刘勰的迁任，可谓是莫大的殊荣。而此时也是他一生中最为幸运和辉煌的时期。

（五）遁入空门

当刘勰苦苦奋斗、孜孜以求数十载，终于看到希望的曙光之时，这一丝曙光也瞬间破灭了。天监十八年（519年）四

月，梁武帝于无碍殿亲受佛戒，法名冠
达，从而掀起崇佛的高潮，刘勰亦接到
诏令：解除步兵校尉之职，与慧震和尚
一起，回定林寺编纂经藏。

其实，正值梁武帝隆佛之时，把编
集经藏的任务交给刘勰，也是因为信任
他。而且，此时僧佑去世不久，令刘勰
回到定林寺整理佛经，也是合乎情理之
事。然而，这对升任步兵校尉之职刚满

平林散牧图

一年的刘勰来说，不能不说是相当残酷的。这并不是他想要的结果。

想当初，当刘勰初次踏上定林寺的石阶时，虽同样是无可奈何，甚至是走投无路，但并没有失去希望。他身居佛寺十几年却并未剃度出家，正是坚信总有一天会走出定林寺，走上辅政报国的仕途。他走出了定林寺，实现了这一愿望。但却没有想到，三十年后竟重返定林禅寺！此时此刻他的心情是何等的复杂！在

整理佛经的过程中，刘勰越来越深信佛教，这期间他除了校经外，又于普通年间完成了他的另一部著作——《刘子》，这是一部思想著作，此书融入了他的从政心得与治国经略，但由于历史的原因而没有在中国思想史上引起重视。

梁武帝普通二年（521年），完成整理佛经任务之后的刘勰上表"启求出家"，据《梁书·刘勰传》记载："有敕文与慧震沙门于定林寺撰经证，功毕，遂启求出家，先燔鬓发以自誓，敕许之，乃于寺变服，改名慧地，未期而卒。"他用火烧掉了鬓发，立誓出家。萧衍批准了他的请求。刘勰遂在定林寺脱去官服，换上僧衣，改名慧地，做了和尚。普通三年（522年），56岁的刘勰在出家不到一年后辞别人世。

刘勰在梁朝为官后，由于生活经历的改变，和梁武帝极力提倡信仰佛教，使他的思想发生了变化，在儒家思想和佛教思想的矛盾中，佛教思想逐渐占据了统治地位，这时他才成为一个虔诚的佛教徒，遁入空门便是他佛教思想发展到顶点的表现。

二、惊天巨著横空
出世时代之需

　　《文心雕龙》是商周到齐梁时期文学创作经验的总结之作，是齐梁以前文学理论批评的集大成者。但这样一部伟大的专门著作并不是凭空产生的，它与魏晋以来文学理论批评的发展分不开，和六朝的文风也有很大关系。而魏晋宋齐的文学理论批评又有其自身的不足之处，《文心雕龙》针对这些不足之处，有所突破和创新。

（一）创作经验的丰富

在刘勰以前，中国古典文学理论已经有很长一段历史了。《文心雕龙》的产生正是这个传统的继续。它在南朝齐梁之际出现，决不是偶然的。整个魏晋南北朝时期，是我国古代史上一个大分裂、大动乱又是大融合的时期。阶级矛盾、

民族矛盾和统治阶级内部矛盾，在这个期间错综交织，十分尖锐。这种情况虽然和《文心雕龙》的产生没有直接联系，但《文心雕龙》出现于齐梁时期，又和这个特定的历史条件分割不开。

这一时期文学创作上可供总结的经验教训极为丰富，这和汉末以来动乱分裂的局面，有着较为密切的关系。正如刘勰在《时序》篇所说，建安文学的出现，就"良由世积乱离，风衰俗怨，并志深而笔长，故梗概而多气也"。历史的狂潮不仅把文人们卷到"世积乱离"的现实生活中去，使之多少接触到一些时代的气息，反映了一些"风衰俗怨"，而且在现实的教育和启迪下，抛开了汉儒死守章句的老路，从而逐步认识到文学艺术的独立意义。

刘勰的崇儒思想是浓厚的，但他不仅看到汉末以来"通人恶烦，羞学章句"（《论说》）的现象，还总结了文学发展

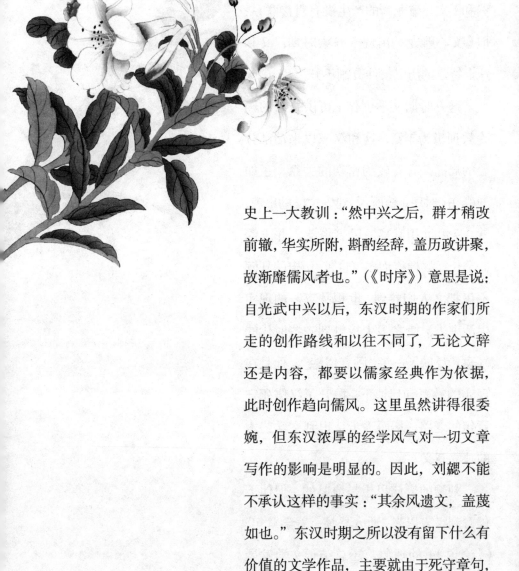

史上一大教训："然中兴之后，群才稍改前辙，华实所附，斟酌经辞，盖历政讲聚，故渐靡儒风者也。"（《时序》）意思是说：自光武中兴以后，东汉时期的作家们所走的创作路线和以往不同了，无论文辞还是内容，都要以儒家经典作为依据，此时创作趋向儒风。这里虽然讲得很委婉，但东汉浓厚的经学风气对一切文章写作的影响是明显的。因此，刘勰不能不承认这样的事实："其余风遗文，盖蔑如也。"东汉时期之所以没有留下什么有价值的文学作品，主要就由于死守章句，

作者提笔为文，就要"斟酌经辞"。经过
汉末大乱，文人们开始有所觉醒了，甚
至像曹植那样身为王侯的作者，也大胆
地写道："滔荡固大节，世俗多所拘。君
子通大道，无愿为世儒。"这是文人思想
的一次大解放。正因为有这个思想大解放，
才出现了"彬彬之盛，大备于时"的建安
文学。这时除曹氏父子和著名的"建安七
子"外，还涌现出"盖将百计"的大批文人。
建安时期（196—220年）的文学创作，"甫

乃以情纬文，以文被质"，出现了历史上所谓的"文学的自觉时代"。

到晋宋时期，诗文创作更是兴盛，可以用"家家有制，人人有集"来形容。宋文帝时，便于儒学、玄学、史学三馆之外，另立文学馆；宋明帝设总明观。这是从封建统治机构上正式承认"文学"独立于儒学之外的开始。文学创作的发展，到了南朝，由于帝王的爱好和提倡，出现了钟嵘所说的情况："今之士俗，斯

风炽矣。才能胜衣，甫就小学，必甘心而驰骛焉。"意思是说初识文学知识的儿童，都能够写诗，因而这时世族文人中出现了"家家有制，人人有集"的盛况，文学作品繁多。

（二）文学理论批评的发展

建安时期，文学繁荣达到高潮。由于社会上九品论人风气的提倡，从论人扩及于论文，产生了对作家作品的批评。

如萧绎所说："诸子兴于战国，文集盛于两汉，至家家有制，人人有集。其美者足以叙情志，敦风俗，其弊者只以烦简牍，疲后生。往者既积，来者未已，翘足志学，白首不遍；或昔之所重今反轻，今之所重古之所贱。嗟我后生博达之士，有能品藻异同，删整芜秽，使卷无瑕砧，览无遗功，可谓学矣。"这是从品评作品，指导阅读的要求角度提出的。在诗文创作大量问世之后，这个问题的提出是有其必然性的。文集越来越多，从少到老，一辈子也读不完；而这些作品又良莠不齐，芜秽丛生，所以需要评论家加以权衡，而去芜存精。

自魏晋以来，评论文章的人很多，但刘勰认为，这些文学批评著作都是"各照隅隙，鲜观衢路"，只能看到一部分，很少能全面地看问题，更不能作探求本源的考察。刘勰觉得自己有责任来总结历代的创作经验，纠正和弥补以前文学批评著作的缺点和不足。

文学理论批评的发展，使《文心雕龙》一方面继承了前人的成就，一方面又弥补了前人的不足，有所创新和发展。《典论·论文》是中国第一篇专门批评文学及作家作品的文章。文中首先提出"文人相轻，自古而然"的观点，批评态度往往是"各以所长，相轻所短"。这对《文心雕龙》的《知音》篇很有影响。其次，曹丕对当代文人的才性作了具体的分析，

指出各有所长，各有所短。这方面的论述对《体性》篇和《才略》篇很有启发。再次，《典论·论文》对文体只分成了简单的四科八类，而《文心雕龙》对此有所补充，用二十篇文章对文体作了极其细致的分类，而且对其中主要的文体提出了规格要求和风格要求。曹丕在《典论·论文》中提到文气有清浊，并把气的清浊归于天赋，但究竟气之清浊指什么，让人很难理解。《文心雕龙》的《体性》

和《风骨》篇也说到了这个问题，并把"气之清浊"改为"气之刚柔"，认为气是可以培养的，这就比较容易理解了。

在曹丕之后，晋朝的作家陆机根据自己的创作经验和研究心得，写了一篇文学理论方面的专著《文赋》。他指出：创作时思路有"通塞"。思路通畅的时候，文思如泉涌；思路堵塞的时候，文思就干涸了。但他却自叹"吾未识夫开塞之所由"，意思是他不知道思路通塞是由什

么造成的。这是一个需要解决和探究的问题。而刘勰在写《文心雕龙》的《神思》篇和《养气》篇时,直接受到《文赋》的影响。并进一步提出培养文思使其通畅的途径。另外,《文赋》初步说明了作者的个性不同,作品的风格也不同。他把文体分为十类,说明对每一文体的风格要求,但还是比较简单概括。刘勰在写《文心雕龙》的《体性》篇和《定势》篇时,受到《文赋》的启发,在文体论部分,对文体分类和文体风格都作了更加细致的分析。

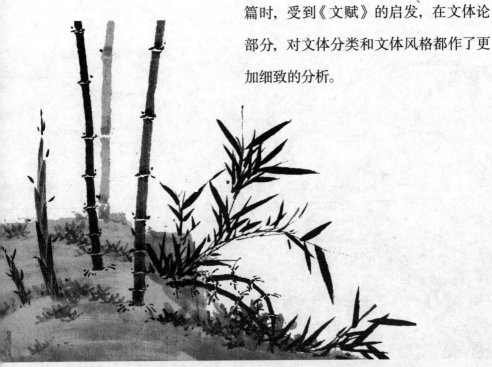

　　晋朝的挚虞所编撰的《文章流别论》对刘勰写《文心雕龙》的影响也很大。《文章流别论》对于每一种文体，除说明他的性质和起源外，还进一步讲了文章的发展变化。所谓"文章流别"就是各种文体的源流和区别。《文心雕龙》上编的文体论部分，用二十篇的篇幅，讲各种文体的源流和区分，并对每种文体的代表作家作品进行评论。这种体例就是从《文章流别论》继承来的。

（三）矫正六朝文风的需要

　　《文心雕龙》的产生，和六朝时代的江南文风是分不开的。自从东晋南渡，社会上崇尚玄谈，在文学上的反映是"试必柱下之旨归，赋乃漆园之义疏"。到了南朝宋、齐时代，在君主和贵族的提倡下，过分追求文辞藻饰的形式主义明显地出现了。即刘勰在《明诗》篇所说：

"俪采百字之偶，争价一句之奇。"《情采》篇说："体情之制日疏，逐文之篇愈盛。"意思是：有真情实感的作品越来越少，追求辞藻的篇章越来越多。《定势》篇说："自近代辞人，率好诡巧，……厌黩旧式，故穿凿取新。"

刘勰为匡正时弊，以传统的儒家思想作为论文原则，推崇儒家的诗教与经典，强调文学的社会功能，但同时也不忽视文学的审美作用，希望在"宗经"的基础上，达到文质彬彬的"中和"艺术境界。《时序》言："盖《文心》之作也，本乎道，师乎圣，体乎经，酌乎纬，变乎《骚》，文之枢纽，亦云极矣。"《文心雕龙》这种立论原则，综合了传统观念与时代思潮，为文学创作与文学批评的发展指出了一条新路。同时也应指出，正是刘勰拘守这种立论原则，对一切"离经叛道"的作品均加以否定，以致对屈原的作品与《庄子》中的神话、寓言及想

象成分较大的内容批评失当，并对民歌、小说等俚俗文学形式持轻视态度，这些方面都体现了《文心雕龙》的局限性。

怎样对待这种文学发展趋势，就是《文心雕龙》所面临的历史任务，也是产生《文心雕龙》的具体原因。

这就是产生《文心雕龙》的历史背景，也是《文心雕龙》之所以出现于齐梁时期的种种原因。从建安开始，文学艺术进入了独立发展的新时期，而且文

学在理论上要探讨、要解决的新问题本来就很多，加上魏晋以来这样一个特定的历史环境，文学艺术的发展，不能不经历一段曲折而复杂的道路。这样，文学理论上迫切需要研究和解决的问题就更多了。从曹丕的《典论·论文》以后，魏晋南北朝时期有关文论的著作特别多，正是这些原因，导致了《文心雕龙》的产生。

综上所述，《文心雕龙》既总结了前人创作经验，又针对当时创作倾向，也是汇总了历代文学理论成就的一部重要著作。了解这些情况，对理解刘勰在这部书中提出些什么问题，怎样解决这些问题，以及他主张什么和反对什么，是很有必要的。

三、中国古代文学
　　理论之冠冕

（一）首尾贯一体大思精之结构

"文心"谓"为文之用心"，"雕龙"取战国时驺奭长于口辩、被称为"雕龙奭"典故，指精细如雕龙纹一般进行研讨。合起来，"文心雕龙"意思是写文章必须用心，就像镂刻龙纹那样精雕细刻，最终才能创作出美的作品。

《文心雕龙》等于是"文章写作精义"。

讨论的对象，是广义的文章，但偏重于文学。就其本来意义说，这是一本写作指南，而不是文学概论。书的本意虽是写作指导，但立论从文章写作的一系列基本原则出发，广泛涉及各种问题，结构严谨，论述周详，逻辑严谨，文辞优美，表现出极强的理论性，同时又具有丰富的文学性，极具欣赏价值。

《文心雕龙》的结构。《文心雕龙》从内容上分为四个方面，理论观点首尾

一贯，各部分之间又互相照应，体大思精，具有严密的体系，是中国文学理论批评史上第一部有严密体系的文学理论专著。共10卷，50篇。原分上、下部，各25篇。

全书包括四个重要方面。上部，从《原道》至《辨骚》的5篇是全书的纲领，而其核心则是《原道》《征圣》《宗经》3篇，要求作文章要本之于道，稽诸于圣，宗之于经。刘勰说："盖《文心》之作也，

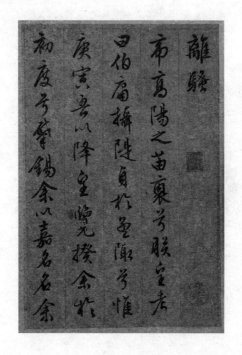

本乎道，师乎圣，体乎经，酌乎纬，变乎《骚》，文之枢纽，亦云极矣。"这包含了两层意思：一是就《文心雕龙》的理论体系而言，乃是以道为根本、以圣人为老师、以儒家经典为主体、以纬书为参考、以《离骚》为变化，从而体现出刘勰论文的基本思想；二是就文学创作而言，"为文"的根本问题也都包含其中了。正因如此，研究者通常将这5篇称之为《文心雕龙》的总论。

从《明诗》到《书记》的 20 篇，刘勰称之为"论文叙笔"。以"论文序笔"为中心，对各种文体源流及作家、作品逐一进行研究和评价。以有韵文为对象的"论文"部分中，以《明诗》《乐府》《诠赋》等篇较重要；以无韵文为对象的"序笔"部分中，则以《史传》《诸子》《论说》等篇意义较大。刘勰搜罗所有的"文"和"笔"，逐一从四个方面进行考察，即

"原始以表末，释名以章义，选文以定篇，敷理以举统"，也就是考察文体的源流演变而知本知末，解释文体的名称而明确其含义，选择各种文章的代表作品而予以定，敷陈各体文章的写作之理而总结共同的文章之道。所以，研究者通常将一部分称之为《文心雕龙》的文体论。

下部，从《神思》到《物色》的20篇（《时序》不计在内），以"剖情析采"为中心，重点研究有关创作过程中各个方面的问题，是创作论。从作者感情的

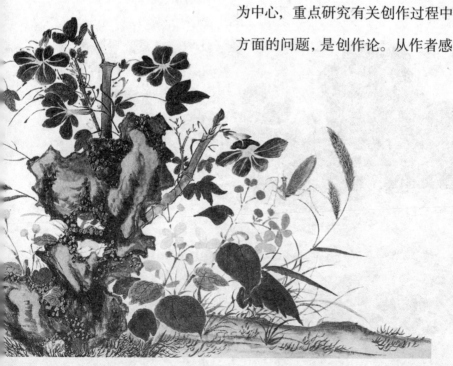

产生到一篇作品的完成，刘勰深入具体的创作实践中，全程描绘了文章产生的过程，并建立起一个"以情为本，文辞尽情"的"情本"论的创作论体系。这一体系既立足于穷搜"文场笔苑"的文体论，又具有深刻的实践品格。

《时序》《才略》《知音》《程器》等4篇，则主要是文学史论和批评鉴赏论。下部的这两个部分，是全书的精华所在。

以上四个方面共49篇，加上最后《序志》叙述作者写作此书的动机、态度、原则共50篇。

《文心雕龙》的总纲——"文之枢纽。"《文心雕龙·序志篇》介绍本书的内容时说："盖《文心》之作也，本乎道，师乎圣，体乎经，酌乎纬，变乎《骚》，文之枢纽，亦云极矣。"其中"本乎道"是指以道为本源，于是有《原道》篇；"师乎圣"是指以儒家的圣人为师，于是有《征圣》篇；"体乎经"是指以经书为主体，于是有《宗

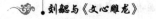

经》篇；"酌乎纬"是指对纬书要斟酌去取，于是有《正纬》篇；"变乎骚"是指《离骚》是儒家经典文风的变种，是经典的支流，于是有《辨骚》篇。刘勰认为文章的关键莫过于这 5 篇了，所以这 5 篇是全书的总纲。

1.《原道》《征圣》和《宗经》

在作为"文之枢纽"的 5 篇文章中，《原道》《征圣》和《宗经》又是最关键的 3 篇，它表现了刘勰关于文学的基本思想。他的观点是：

文章是道德的表现，道是文的本源，

所以要"原道"；古代圣人创作文章来表现道，用以治理国家，进行教化，所以要"征圣"，即向圣人学习；圣人制作的经典不但是后世各种文章的渊源，而且也为文学作品的思想和艺术树立了标准，所以要"宗经"，即以经书为榜样。由此建立了以雅正为最高准则的文学要求。

《原道》首先说："文之为德也大矣，与天地并生者何哉？夫玄黄色杂，方圆体分；日月叠璧，以垂丽天之象；山川

焕绮，以铺理地之形。此盖道之文也。仰观吐曜，俯察含章，高卑定位，故两仪既生矣。惟人参之，性灵所钟，是谓三才，为五行之秀，实天地之心。心生而言立，言立而文明，自然之道也。傍及万品，动植皆文。……夫以无识之物，郁然有彩，有心之器，其无文欤？"认为"文"源于自然天道，"与天地并生"，据此进一步说明"文"的表现形式——文采，

也是自然天道的体现，这就充分肯定了辞采华丽的合理性。"文原于道"的观点，是《文心雕龙》的理论基石。

刘勰在《原道》篇中，将老庄的自然观与儒家思想相融合，认为儒家圣人的经书最能"原道心以敷章"，而且"道沿圣以垂文，圣因文以明道"，这为《征圣》和《宗经》的出现，作了必要的过渡。《征圣》和《宗经》主张以圣人的经典作为文章楷模，以此确立写作原则与批评标准。《征圣》指出："然则志足而言文，情信而辞巧，乃含章之玉牒，秉文之金

科矣。"强调要以"衔花佩实"的圣人文章为典范。《文宗》将"五经"视为所有文体的本源，是写作时师法的典范。刘勰总结了"五经"的写作特色，并据此提出了文学批评的原则及标准：文能宗经，体有六义：一则情深而不诡，二则风清而不杂，三则事信而不诞，四则义直而不回，五则体约而不芜，六则文丽而不淫。这"六义"是刘勰文学批评的原则和标准，更是他文学思想的核心。他主张宗经，说："楚艳汉侈，流弊不还。"即楚辞、汉赋以来，文学作品多有不够雅正的毛病，应当"正末归本"，返回到经典的规范之内。要求作家体会经典文章的精神风貌，以儒家所推崇的"雅正"作为审美规范，但并不反对艺术形式方面的追求。

《原道》《征圣》《宗经》三篇，紧密联为一体，在这三篇中，刘勰阐明了对文学的起源和作用、文学的思想艺术标准及文学理论的根本问题的看法，构成刘勰文学思想的中心。

2.《正纬》《辨骚》

《正纬》《辨骚》也作为"文之枢纽"，但着眼点却不同。这两篇指出纬书、楚

辞虽然在不同程度上有异于经书雅正的传统，但在某些方面是可以斟酌吸收的。

"纬"是"纬书"，是汉朝人仿照儒家经书假托孔丘的话伪造出来的，其中保存不少古代神话传说，也记录了一些有关古代天文、历法、地理等方面的知识，相对于经书简称纬书。《易》《书》《诗》《礼》《乐》《春秋》及《孝经》均有纬书，称"七纬"。纬书内容附会人事吉凶，预言治乱兴废，颇多怪诞之谈；但对古代天文、历法、地理等知识以及神话传说之类，均有所记录和保存。纬书兴起于西汉末年，盛行于东汉，南朝宋时开始禁止，及至隋朝禁之愈切。

《正纬》是说纬书的奇特想象和富艳辞采有益于文章写作，《辨骚》的意义更重要。首先辨明楚辞的代表作《离骚》有不合于经者四点，合于经者四点，实属迂腐之论，但又自我背离，对楚辞的文学意义给以高度赞扬："观其骨鲠所树，肌肤所附，虽取熔经意，亦自铸伟辞。故《骚经》《九章》，朗丽以哀志；《九歌》《九辩》，绮靡以伤情；《远游》《天问》，瑰诡而慧巧；《招魂》《招隐》，耀艳而深华；《卜居》标放言之致，《渔夫》寄独往之才。故能气往轹古，辞来切今，精采绝艳，难与并能矣。"这里对楚辞作品中"绮靡""伤情""瑰诡""慧巧""耀艳"等不符合雅正规范的特点，均表示赞赏。

刘勰认为《楚辞》实际上是战国乱世时的《风》《雅》，它继承了《诗经》中国风和大小雅的精神。"虽取熔经意，亦自铸伟辞"既熔铸了经书的内容，又独创了奇伟的文辞。刘勰说"衣被词人，非一代也"，认为《楚辞》对后世文人的

启发是不限于一代的。所以把它看做是经书的支流，列入"文之枢纽"。作为"文之枢纽"的五篇文章，是以《宗经》为中心的，其他四篇都和经书有关。这是因为"文章之用，实经典之条"，认为文章是从经典著作中派生出来的。

至于《文心雕龙》的核心思想总结起来，大概有以下几点：强调文学的美感，同时主张"宗经"，提倡雅正，在原则上排斥一切离经叛道的文学，这是一种保守的文学观念。但在对待具体作品的时候，也不是十分褊狭。尤其在以后的各篇中，并没有以是否雅正的标准随意否定有成就的作家与作品。而对六朝文学的批评，主要揭示了两个方面，一是离异于儒道，包括思想感情不够纯正、艺术风格诡奇轻艳等，二是有单纯追求辞采而缺乏充实的感情的现象。

（二）万事文章圣人经典为楷模

《文心雕龙》在作为"文之枢纽"的五篇文章以后，从《明诗》篇起到第二十五篇《书记》止，分别论述了各种文体的文章，这一部分占的篇幅最长，一般把它叫做文体论。关于文章的体裁，最初在曹丕《典论·论文》里，只分成奏议、书论、铭诔、诗赋等四科八类。到了陆机的《文赋》扩大成十类，但陆机对这十种文体的特点还没有完全掌握，从而导致对各种文体的写作要求有所偏向。到了挚虞的《文章流别论》，对文体分类就细了很多，而且讲出了各种文体的源流和区别。《文心雕龙》的文体论部分，可能是在《文章流别论》的基础上又加以发展的。在二十篇的题目中，提到的文体就有三十三类。这部分从"原始本末""释名章义""选文定篇"和"敷理举统"四个

方面，论述了三十三种文体的源流和特征。

《文心雕龙》文体论中所论的文章，包括"文""笔"，即韵文和散文两大类。其中大部分不是文学作品，而应属于著述和应用文的范畴，但刘勰认为不论什么内容什么文体，只要是写得有文采就是"文"。从《明诗》《乐府》《诠赋》《颂赞》《祝盟》《铭箴》《诔碑》《哀吊》《杂文》《谐隐》《史传》《诸子》《论说》《招策》

《檄移》《封禅》《章表》《奏启》《议对》到《书记》这二十篇的结构大部分是类似的。《序志》篇介绍这二十篇时说："若乃论文叙笔，则囿别区分，原始以表末，释名以章义，选文以定篇，敷理以举统，上篇以上，纲领明矣。"

《明诗》是文体论中最重要的一篇。它具体地说明了诗体源流和诗歌发生、发展的规律，并运用从大量作品中总结

出来的理论，来说明各个时期代表作家作品的成就和风格，以及解释各个时代的诗风。在文人诗中，他对建安时代的五言诗评价最高。他提出建安诗风的共同点是"慷慨以任气，磊落以使才"，光明磊落，激昂慷慨。《诠赋》就是对赋体的解说。关于赋的来源和作用，《诠赋》篇一开头就说："诗有六义，其二曰赋。"《诗经》的"六义"是风、雅、颂、赋、比、兴。刘勰认为赋体来自《诗经》中的"赋"

的写作手法,表明"诗"和"赋"是同源的。在评论赋体的代表作家作品时,刘勰举了汉朝枚乘的《兔园赋》、司马相如的《上林赋》、贾谊的《鵩鸟赋》、班固的《两都赋》、张衡的《二京赋》、王延寿的《鲁灵光殿赋》,并指出了这些赋的风格特点。

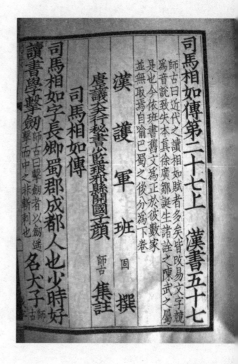

至于文体风格论,《明诗》篇在评论作家的个人风格和时代风格后,也谈论了诗体风格,这部分占的篇幅很少,只说"若夫四言正体,则雅润为本;五言流调,则清丽居宗。"刘勰提倡"宗经",把《诗经》放在至高无上的地位,因此把《诗经》中四言诗式的诗歌看做"正体",而把五言诗看做流行的曲调。《诠赋》篇提到对于赋的风格要求时说:"原夫登高之旨,盖睹物兴情。情以物兴,故义必明雅;物以情观,故词必巧丽。……文虽新而有质,色虽糅而有本,此立赋之大体也。""大体"指的是对某一体文章的

规格要求，或者对某体的风格要求。"义必明雅"是说内容必须鲜明雅正。即：作赋时，首先要明确这篇赋的思想感情是由什么事物引起的，而且在赋里表现的内容应当是鲜明正确的。

《论说》篇提出对论文的风格要求时指出，论文的内容不能片面，要通过周全的考虑。辩论的文辞，要能够掌握重点，如果重点不突出，读者就无法领略作者的意图。作者的主张要符合事理，而不是出于幻想。所运用的词句要密切结合作者的思想。

刘勰对各种体裁的创作经验，作了初步的总结。除上述关于赋和论说的意见外，论骚时讲到写实与幻想相结合，论诗时讲到四言要"雅润"、五言要"清丽"，论乐府时讲到以辞为主，论颂赞时反对"弄文而失质"等。但因其处处以儒家经典为唯一的准则，其论点中因而夹杂有一些封建性糟粕。

（三）文质相得情正辞畅合传统

《文心雕龙》的下部，包括《神思》《体性》《风骨》《通变》《定势》《情采》《镕裁》《声律》《章句》《丽辞》《比兴》《夸饰》《炼字》《隐秀》《指瑕》《养气》《附会》《总述》《事类》和《物色》。从《神思》到《物色》的20篇（《时序》不计在内），以"剖情析采"为中心，重点研究有关创作过程中各个方面的问题，分别从不同的角度，对文学的构思、艺术风格、内容与形式的关系、文学创作与现实生活的关系、文学的继承与革新、文学创作中具体的艺术技巧(如声律、比兴、夸张等艺术手法的应用年)等问题进行了专题论述。

1. 构思论——"神与物游"

关于文章创作的构思阶段,《序志》篇解释《文心雕龙》一书的书名时说"文心"就是"言为文之用心也",《神思》篇所论的就是"为文之用心"的主要内容。

构思问题,陆机在《文赋》中也谈到过,但他只简单地论述了构思的情况和作用,却说不清它的方法和道理。而且自己也觉得"吾未识乎开塞之所由",弄不清作者的思路何以在创作中时而通畅,时而闭塞。这些问题在《文心雕龙》的《神思》篇里得到了具体的解决。

　　《文心雕龙》下部的第一篇《神思》中主要论述的是文学作品的创作构思。"神思"一方面是指创作过程中聚精会神地构思，另一方面也指"神思"完全不受时间和空间的限制，即想象。同时"神思"一词也清楚地表达了艺术想象的含义。心在此而意在彼。

　　《神思》篇开始从文思酝酿的想象出发，活用庄子中的典故，用"形在江海之上，心存屹立巍阙之下"明确指出了"文之思也，其神远矣。故寂然凝虑，思接千载；悄焉动容，视通万里"。这是说形象构思可以想到很远，千载以上和万

里以外的事物，都可以通过想象而宛然在目。而且还认为艺术想象并非凌虚蹈空而生的，它以"博见为馈贫之粮"的形象化的比喻，说明艺术想象的基础只能是客观生活中的素材或原料。"吟咏之间，吐纳珠玉之声；眉睫之前，卷舒风云之色。其思理之致乎！"是说当作家吟咏或注视着他所想象的这些丰富而生动的情景时，就像听到了珠玉般悦耳的声音，看到风云变幻的景色，这就是构思所起的作用。而且构思还是有规律所循的，可以被作家所掌握的。因此刘勰说："思理为妙，神与物游；神居胸臆，而志气统其关键；物沿耳目，而辞令管其枢机。枢机方通，则物无隐貌；关键将塞，则神有遁心。""神"即"神思"，是六朝时期的常用语汇，意即思维的特点是不疾而速的；"唯神也，故不疾而速，不行而至。""物"即客观现实。"神与物游"即指作家在艺术想象的全过程中，始终离不开具体、感性的物象，两者始终是有机结合在一起的。《文心雕龙》还强调指出，唯有当作家的精神心理处于"虚静"状态，用志不分，不受外界的纷扰时，才能更好地驰骋自己的艺术想象力。当想象力驰骋时，文思像泉涌一般，"登山则情满于山，观海则意溢于海"。作者如果把自己的感情融入到景物中去，便意趣盎然了。但是人的思路，并不总是那样畅通的，当思路闭塞时，意象就枯竭了。此时，需要让心保持"虚静"，还要

积累知识以丰富自己的才能，并顺着自己的情思去寻求适当的辞令。接着，《神思》篇进一步谈作家的精神和外界事物的关系，指出：人的思维易通过眼耳受到外界的影响，作家的创作也是这样，然后才能用语言文字表达出来。所谓"志气"，是指人的意志和气质。"志气"是人的精神活动的"关键"。要使构思进行没有阻碍，就必须注意"志气"的修养。

刘勰认为，精神和外界事物是文学创作中两个重要的因素。作品要深刻地描写事物，必须使这两个方面紧密地结合起来：一方面要有来自外界事物的刺激；一方面要有出自作者内心的思想情感。

"神用象通，情变所孕。物以貌求，心以理应"。

只有这两种因素相交融，才会有意象的产生，艺术的构思才能得以进行。如果没有外界事物，或者离开外界事物，思想情感活动就会成为空洞的、没有根基的悬想；离开了思想情感，外物就成为"死物"，从而不能进入艺术的领域。所以，艺术构思的形成，必须先有外界事物的影响，这种来自于外界事物的思想感情的酝酿过程，便是构思中思路运行的过程。此时"神"与"物"紧密结合，从而产生出驰骋风云、气象万千的意境。

在阐述了"神与物游"的道理后，刘勰又从两个方面作进一步的说明：一是精神上的修养，一是写作能力上的锻炼。这就是他所说的"秉心养术"。"秉"是操持的意思，所谓"秉心"就是节制人的心神活动。关于"秉心"刘勰主张"无物苦虑""不必劳情"。如果思考过度，

就会损气伤神，不能保持旺盛的想象力。《养气》篇中的"气"，指的就是神气。"养气"就是修养心神。"心虑言辞，神之用也"，通过修养心神，能促使文思通畅。在进行创作时，必须保持从容的精神状态，因为"率志委和，则理融而情畅；钻砺过分，则神疲而气衰"。意思是顺着人的心意而任其自然，就会感到感情顺畅思路融洽；如果钻研磨砺过分，就会感到精神疲惫，气力衰竭。

关于"养术"，刘勰提出"学""理""阅""致"四个方面。"积学以储宝，酌理以富才，研阅以穷照，驯志以绎辞"。一是要把知识当做宝物一样，在平时要不断地积累起来；二是要明辨事理，以充实自己的创作才能；三是要参照自己以往的经验阅历以求认清事物的真相；四是要培养自己的情致，以达到能准确运用文辞的目的。他不仅要求知识的丰富，而且要能辨别、认清事物

的真相，只有这样，经过作者想象构思
而成的意境才能不致违背事理常情。而
最后一点非常重要，有的人往往"意翻
空而易奇，言征实而难巧"。构思很巧妙，
但用具体的文辞表达出来时，就大为减
色了。因此作者必须培养自己能够准确
运用文辞来表达思想情感的能力。最后，
刘勰用"博而能一"四个字，对"秉心""养
术"两个方面加以总结。"博"即"博
练""博见"，是指上述四个方面的全部
修养。"一"即"贯一"，避免混乱。"博
而能一，亦有助乎心力矣"。在这四个方
面的基础上，又能贯通一致，创作构思，

便可以顺利进行了。

2. 风骨论——"风清骨峻"

"风骨"在六朝时代，本是用来品评人物的，它最初是指一种清高而豪迈的风神气度。南齐谢赫的《古画品录》用"风骨"来评画。梁袁昂用"风骨"来评书法。刘勰最先把"风骨"一词用到文学评论上来，并把它当做一个文学理论上的专门术语而赋予其特定含义。

《文心雕龙·风骨》曰："《诗》总六义，风冠其首，斯乃化感之本源，志气之符契也。是以怊怅述情，必始乎风；沈吟铺辞，莫先于骨。故辞之待骨，如

体之树骸；情之含风，犹形之包气。结
言端直，则文骨成焉；意气骏爽，则文
风清焉。若丰藻克赡，风骨不飞，则振
采失鲜，负声无力。是以缀虑裁篇，务
盈守气，刚健既实，辉光乃新。其为文
用，譬征鸟之使翼也。故练于骨者，析
辞必精；深乎风者，述情必显。捶字坚
而难移，结响凝而不滞，此风骨之力也。
若瘠义肥辞，繁杂失统，则无骨之征也。
思不环周,牵课乏气,则无风之验也。"风
骨"一词本是一个统一完整的概念，但
为了论述的方便，刘勰往往分别加以阐

述。"风"是"化感之本源，志气之符契也。"这说明"风"能起感化作用，而且是志、气的一种标志。也就是要求作品有情志，有感动人的力量，写得鲜明有生气，写得骏快爽朗。"骨"是"辞之待骨，如体之树骸；情之含风，犹形之包气。结言端直，则文骨成焉；意气骏爽，则文风清焉。""骨"也就是要求有情志的作品写得文辞精练，辞义相称，有条理，挺拔有力。所谓"风骨"，也就是指一种鲜明、生动、凝练、雄健有力的风格。这是刘勰对文学风格所提出的更高要求或更高标准。

《诗经》总共有"六义"，"风"居首位，它是作品艺术感染力的根源，作者情志气质的外在表现。所以作者表达情志，必定首先注意作品的风貌；推敲作品文辞，没有比注意骨力更为重要的了。因此，骨力塑造文辞，犹如骨骼支撑人体一样；情志所包含的感染力就如同形体蕴有生气。遣词造句挺拔，文骨就形成了；表情达意爽朗，文风就彰显了。如果一篇作品辞藻丰富，却缺乏风骨，那么文采也不会鲜明，声调也不会响亮。所以运思谋篇，一定要使意气饱满，刚健之气充盈，才能鲜明生动。

文章如果"风""骨"兼具，就可达到"风清骨峻"的理想境界了。所谓"风清"，是指教育作用的显著。"骨峻"是指文辞骨力的高超。这种"风清骨峻"的境界，就是刘勰对文章风格的最高要求。做到了"风清骨峻"，就如高飞之大鸟舞动双翼。因此篇要求文学作品应有充沛的生气；用词造句必然精要；表达情致必然显豁。锻炼文字坚实而不轻浮，运用声韵凝重而不板滞，从而达到刚健明朗的美学效果。这得力于对文章风骨的驾驭。如果内容单薄而辞藻堆砌，就会繁复冗杂而失去条理，那是无骨的征象了；思想感情不饱满畅通，表意牵强

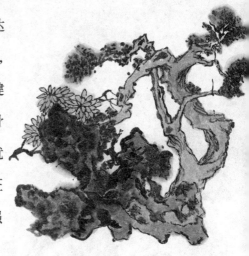

缺少生气，那是无风的证明了。"风骨"说对唐代诗歌的发展，曾有过重大影响。以后"风骨"成为文学批评中最常用的概念之一。

至于怎样才能使文章"风""骨"兼具呢？刘勰提出"熔铸经典之范，翔集子史之术，洞晓情变，曲昭文体，然后能孚甲新意，雕画奇辞"。意思是说要陶铸熔化儒家的经书，作为写作的典范，并要广泛吸取百家史传的写作手法；要深刻理解情感的变化规律，并详细了解各种文体的规格要求，然后才能孕育出新的内容，雕画出辞句来。可见，刘勰的方法是向经传子史去学习，从古代经典中去汲取营养。

3. 自然景物与文学创作——"情以物迁"

六朝时期，大多数文人都喜欢游山玩水，山水诗很盛行，骈文中也用大量的篇幅对风景作了描绘。这使刘勰看到了自然景物与写作的关系，所以写成了《物色》篇。"物色"是指景物的声色，自然界的万事万物都包括在内。《物色》篇是专门讲情和景的关系的。

作品首先指出："春秋代序，阴阳惨舒，物色之动，心亦摇焉。"意思是说春夏秋冬四季的顺序不断更迭。阴天会使人觉得沉闷，晴天使人觉得舒畅，万物景色的变化会引起人们心情的波动。文学作品正是在这种情况下产生的。因为"岁有其物，物有其容，情以物迁，辞以情发，一叶且或迎意，虫声有足引心；况清风与明月同夜，白日与春林共朝哉！"一年四季有不同的景物，而各种景物又有不同的形状，人的感情会随着景物的变化而变化，文辞正是由于情感的激动而产生的。一片叶子落下会引起人的感触；几声虫鸣足以勾起人的心事。何况是有着清风与明月的夜晚，芳林中春光明媚的朝阳呢！这样所发出的情感自然会产生

文学作品了。

接着《物色》篇又写道："是以诗人感物，联类不穷。流连万象之际，沉吟视听之区。写气图貌，既虽物以宛转；属采附声，亦与心而徘徊。"意思是当诗人受到外物的刺激时，就会引起无穷的类似的联想。当他在各种景物之间流连徘徊的时候，他是随着景物的变化而委曲婉转地写出它们的神态相貌的。当他在所见所闻的声色之中沉吟的时候，他所运用的辞藻和音调是与他的心情一致的。这是说，在恰当描绘出外在景物形象的同时，也要表达出作者对景物的感受。这揭示了文学创作中景物、文辞、情感三者间的辩证关系。先为作者受物象感召，善于联想类似事物；而后进行体验，流连万象之际，沉吟视听之区，再为写气图貌，随物婉转，抓住突出特征，以少尽多，不能只图形似来区显毫芥，由此而化入物色尽而情有余的审美意象。

4.文质论——"为情造文"

《文心雕龙》十分强调情感在文学创作全过程中的作用。《情采》篇说："夫水性虚而沦漪结，木体实而花萼振，文附质也。虎豹无文，则鞟同犬羊，犀兕有皮，而色资丹漆，质待文也。"其中"质"是本体，是实质；"文"是文采，是修饰。水面有波纹，树木开花，水和树是本体，是实质，波纹和花朵都是依靠水和树木而存在的。但是虎豹身上的毛刮掉，没有了文采，那就和犬羊的皮一样了；犀牛的皮虽然可以用来做甲，也要涂上丹漆的颜色才美观耐用。可见物质的实质也有赖于文采。这说明实质是主要的，文采是次要的，但是实质也离不开文采。当运用到文学上，"实质"就是情感。而"文采"则是表面的东西，指的是修饰、藻采。但《情采》的"情"，不仅仅指感情，还包括思想品质和道德品质。也就是现在所说的文章内容。而"采"不仅包括

颜色方面的文采，也包括声音方面的韵律。"形文"和"声文"都属于"采"的范围。正如情采篇说："故立文之道，其理有三：一曰形文，五色是也；二曰声文，五音是也；三曰情文，五性是也。"

对于"情""采"之间的关系，则是"情者，文之经；辞者，理之纬。经正而后纬成，理定而后辞畅。此立文之本源也"。刘勰认为：思想内容是实质，是根本的。而文章的形式是派生的，它附属于思想内容。这就是文质论的基本精神。形象地阐明了形式必然由内容转化而来，又将内容包含在内的密不可分的有机整体关系。

刘勰把古代的作品分成"为情而造文"和"为文而造情"两类。在《情采》篇中，他大力提倡"为情造文"，反对"为文造情"，强调文学创作要以"述志为本"，创作的目的是表达思想感情。如果表达虚假的感情，这样的文章是不能够取信于人的。要求文学创作要"志思蓄愤，而吟咏情性"，主张"为情而造文"；反对"为文而造情"（《情采》）。反对无病呻吟和堆砌辞藻等形式主义文风。认为创作构思为"情变所孕"（《神思》），结构是"按部整伍，以待情会"（《总术》），剪裁要求"设情以位体"（《镕裁》），甚至作品的体裁、风格，也无不由强烈而真挚的感情起着重要的作用。

特别值得注意的是，《文心雕龙》还论述了在创作中，主观的"情"和客观的"景"，是互相影响、互相转化的，即"情以物兴"和"物以情观"（《诠赋》），"情以物迁，辞以情发"（《物色》），"登山则情满于山，观海则意溢于海"（《神思》），认为作家观察外物，只有带着深挚的情感，并使外物染上强烈的感情色彩，艺术表现上才会有精巧的文采。《文心雕龙》对于物与我、情与景关系的论述，对唐代及唐以后有关这个问题的探讨，有着

重要影响。

（四）贵古贱今文人相轻需改良

《文心雕龙》关于批评的论述，颇多精到的见解。其中《知音》篇是中国文学理论批评史上探讨批评问题的较早的专篇文献。它提出了批评的态度问题、批评家的主观修养问题、批评应该注意的方面等。

篇名之所以称为《知音》，是因为文章开始就说道："知音其难哉！音实难知，知实难逢。"此篇一方面讲文学艺术难以理解和鉴别。另一方面说知音难遇的原因。关于"知音难遇"的问题，刘勰举出三个典型事例予以说明：第一是"贵古贱今"，即读者多思慕古代的作家，对于和自己同一时代的作家却不以为意。第二是"崇己抑人"，即推崇自己，贬抑他人。这也就是曹丕所说的"文人相轻"

的现象。第三是"信伪迷真",指学识浅薄,相信讹传,不明真相。正是由于这三方面的原因,文学作品才很难遇到知音。针对以上问题,《知音》篇要求批评者提高自身修养、理解作者、博观圆照,进行公平的批评,并且提出了若干条从事批评的客观原则。

首先,刘勰提出了一个在后世也非常著名的论断:"操千曲而后晓声,观千剑而后识器。"认为任何批评中的真知灼见,只能是建立在广博的学识和阅历基础之上的。见多识广,才能鉴别得当,而不至于"信伪迷真"。而且还要"无私于轻重,不偏于憎爱",只有不具私心,克服了偏好的缺点,"然后能评理若衡,照辞如镜矣"。这不仅对当时作家们"各以所长,相轻所短"(曹丕《典论·论文》),"人人自谓握灵蛇之珠,家家自谓抱荆山之玉"(曹植《与杨德祖书》)的不良批评风尚具有积极的针砭意义,而且至今

仍有一定的借鉴意义。

其次，刘勰提出批评文学作品的六项原则标准。即所谓的"六观"。"一观体位"，就是观察"设情以体位"做得如何，看是否是根据思想情感来安排文章的体制，是否是根据体裁明确了文章的规格要求。"二观置辞"，观察在辞藻的运用上安排得怎样。"三观通变"，观察在继承与革新方面做得怎样，是不是能够推陈出新。"四观奇正"，观察在"新奇"与"雅正"的关系上处理得怎样，是否能够"执正以驭奇"，而不致"逐奇而失正"（《定势》篇）。"五观事义"，观察能不能像在《事类》篇中说的"举事以类义，援古以证今"，就是举出和要说明的论点类似的事例作为论据，或者运用典故来以古证今。"六观宫商"，观察作品的音调。

再次，刘勰提出要进行深入的钻研。"缀文者情动而辞发，观文者披文以入情；沿波讨源，虽幽必显。"意思是说：写文章的人因感情激动而发为辞章，看文章的人，通过批阅文章而深入作者的内心。这样就像是沿着波纹去寻水源。虽然作者的含意深刻，也不免会显露出来。这样就容易对作品作出正确的评价了。

关于批评态度问题，刘勰非常强调批评应该有全面的观点。因为作家的才能禀性不仅"修短殊用""难以求备"（《程器》篇）；而且，由于文学创作从内容到形式都是丰富多样的，因此批评家就不应"各执一隅之解，欲拟万端之变"，否则就会出现所谓"东向而望，不见西墙"的现象。各执成见，难以全面。

（五）文学审美辞彩华丽源于道

《文心雕龙》在《丽辞》《熔铸》《章句》《声律》等十篇集中谈修辞问题，对声律、骈偶、用典等当代文学中普遍使用的修辞手段，加以充分肯定。在此以前，

专门讨论修辞的文章还不曾有过，所以，《文心雕龙》在修辞学上也有不可忽视的地位。

1.《丽辞》篇

"丽辞"，就是骈俪之辞。相当于"对偶"。此篇专讲对偶。刘勰首先拿肢体作比喻，说明人生来耳目手足都"自然成对"还有古人的诗句也是"岂营丽辞，率然对尔"。如"满招损，谦受益"。他主张"奇偶适变，不劳经营"。

后面又说："故丽辞之体，凡有四对：言对为易，事对为难；反对为优，正对为劣。言对者，双比空辞者也；事对者，并举人验者也；反对者，理殊趣合者也；正对者，事异义同者也。"刘勰将对偶分成相容的两组四种：以内容分，言对、事对为一组；以意义分，正对、反对为一组。言对事对各有反正，两组互相包容。"理殊趣合"是说用两种不同的事理，从不同的角度来合成一种意趣，它字面

上相反，反衬比较有力，所以说"反对为优"。"事异义同"是指举的例子不同，但是意义相同。

在具体运用方面，刘勰指出"碌碌丽辞，则昏睡耳目。必使理圆事密，联璧其章。迭用奇偶，节以杂佩，乃其贵耳"。

刘勰生活在殊重骈俪的时代，其本人又对骈俪青睐有加，一部规模宏大的《文心雕龙》，通体骈俪为文，足以证明他对骈文的喜爱，所以才倡导骈文。

2.《章句》篇

"章句"中的"章"，在这里相当于文章中的段。"句"不是现代语法中的句子，而是指说话时一个停顿单位。

《章句》篇说："夫设情有宅，置言有位；宅情曰章，位言曰句。"章是安排思想感情和文章内容的单位；句是安排语言的单位。按内容，要"控引情理，送迎际会"，即根据表达的情理，有时枝蔓扶疏旁征博引，有时紧扣题旨不蔓不枝；按语言，则"若夫章句无常，而字有条数，四字密而不促，六字格而非缓，或变之以三五，盖应机之权节也"。刘勰主张，在句式的选择上，可用长用短，或长短穿插，整散结合，完全要符合情韵需要，情韵急，少音节短词句，情韵缓，可用舒曼之长句。

最后，刘勰讲到虚字的用法，提出"夫、唯、盖、故"是发端用的字；"之、而、于、以"是作句中连接词的；"乎、哉、矣、也"是用于句尾的。如能善于运用这些字，"将令数句之外，得一字之助矣"。

3.《夸饰》篇

"夸饰"含有夸张和修饰的意思，也可以说是夸张性的修饰。刘勰肯定夸饰手法的必要性。像描写山海的气貌、宫殿的体势时，要写出楼台的壮观"莫不因夸以成状，沿势而得奇也"。这些栩栩如生的形状都是依靠夸饰表现出来的。

在《夸饰》中，《文心雕龙》不仅第

一次提出了文学创作离不开必要的夸张，以使作者表现的事物更为突出，但他又主张"夸"也要懂得分寸，反对夸张失实。因为"饰穷其要，则心声锋起；夸过其理，则名实两乖"。意思是如果夸张能抓住要领，便可以引起读者的共鸣；如果夸张过度，就不合事实情理了。所以他提出夸张的标准是"使夸而有节，饰而不诬"。这样才能发挥夸张的作用。

4.《声律》篇

沈约的"四声八病说"主要讲的是人为的音律。而刘勰这里所说的，则偏重于自然的音律，认为人的语言中有自然的音律。他把听乐器的声音进行调整，叫做"听外"，把吟诵时听诗赋文章的音调叫做"内听"。"听外"的调弦，用手来调就可以，所以比较容易。而文学作品的声调纷乱，不容易调整。

《声律》篇说："凡声有飞沉，响有双叠。双声隔字而每舛，叠韵杂句而必

睽；沉则响发而断，飞则声飏不还。"所谓"飞沉"就是字调的抑扬，这是构成沈约"四声谱"的音调基础。所谓"双叠"就是双声叠韵，这是构成沈约"八病说"的声韵基础。刘勰没有像沈约那样"碎用四声"，而只是从原则上指出飞扬的字调和沉抑的字调，要像"辘轳交往"似的交互错杂地使用。

5.《炼字》篇

《炼字》的"炼"是选择，"炼字"就是选用恰当的字。文章先从文字流源讲起，说汉朝文人的作品里多有古文奇字，难以辨认理解。只要是通用的字就容易辨认，不通用的字就难辨认。所以在写文字时，对于字的取舍，要以"世所同晓"者为准，"时所共废"的不用。同时刘勰又提出炼字的标准"是以缀字属篇，必须拣择：一避诡异，二省联边，三权重出，四调单复。诡异，生僻险怪之字，如汹呶；联边，相同偏旁之字，如峥嵘；重出，同字相犯即同一个字在句中重复使用；单复，字形肥瘠笔画多寡"。

"诡异"就是稀奇古怪的字。"联边"就是同偏旁的字，要尽量少用，如果堆叠，就不像文章了。"重出者，同字相犯者也"。对偶句里要权衡轻重，尽量避免重复字。

刘勰能在距今一千五百多年前，提出这些精辟的修辞理论实在是难能可贵。其修辞论，既有理性的阐释，又有言证、事证，既涉及文章内容形式，又关乎作者思维、气质、涵养、才情。他承认"物色之动，心亦摇焉""情以物兴，故义必明雅；物以情睹，故辞必巧丽"，在这种观点指导之下，他从内容决定形式的认识出发，建立了系统的"剖情析采"理论，同时又提出了"时运交移，质文代变""文变染乎世情，兴废系乎时序"，这些修辞观在今天来说，也是必须遵循的一条修辞美学原理。

四、影响广泛局限
　　九牛之一毛

　　《文心雕龙》是中国文学理论批评史上第一部有严密体系的、"体大而虑周"（章学诚《文史通义·诗话篇》）的文学理论专著。刘勰在文学理论方面的成就是空前的，《文心雕龙》中所讨论的问题包括有文学理论、文学史、文体论、文学批评、修辞学、写作，甚至有些还涉及文学、音韵和语法。在今天看来，这本著作的主要成就是在文学理论和文学批评方面。《文心雕龙》在文学理论方

面的主要成就可以总结为以下几方面：

在文学和现实的关系问题上，刘勰指出：文学作品的产生是不能离开现实世界的。如《明诗》篇说："人禀七情，应物斯感，物感吟志，莫非自然。"《文心雕龙》的《物色》篇还专门论述了文学与自然万物的联系。

《物色》篇说："岁有其物，物有其容。情以物迁，辞以情发。"这是说先有外界事物，然后才会有内心感应。《时序》篇举了大量的例子，阐释了文学作品和时代之间的关系。而且说"故知歌谣文理，与世推移"。又说："文变染乎世情，兴废系乎时序。"说明文学不仅与自然事物有关，而且与社会的政治兴衰也有关。而且还注意到文学对社会的教化和改进作用。说明文章不仅是个人提高修养和完成业绩的工具，还是进行政治教化的工具。并举了很多例子来证明"政化贵文""事迹贵文""修身贵文"。

在内容和形式问题上，《文心雕龙》提出"文附质""质待文"的主张。认为"情者文之经，辞者理之纬"。提倡"为情而造文"，反对"为文而造情"。这不仅是一条文学创作的重要原则，而且对于抵制南朝的形式主义文风，也是一个有力的武器。另外，刘勰非常注重文学形式，在《文心雕龙》里用了大量的篇幅，来专门讲修辞学，如《声律》《比兴》《夸饰》《炼字》《章句》等篇。他强调形式附属于内容，但形式美也是很重要的。

认为在写文章时，"必以情志为神明，事义为骨髓，辞采为肌肤，宫商为声气"。

《文心雕龙》关于风格学的特点是从内容和形式统一的角度来谈论的。这一问题虽然《典论·论文》和《文赋》中也都曾谈论过，但理论还不够系统和科学。到了刘勰的《文心雕龙》才比较系统、全面地论述风格学的各种问题。在谈到个人风格时，又从才、气、学、习四个方面，对风格的形成作了较为科学的解释。并把风格分为刚性和柔性两种类型，设《风骨》《隐秀》等篇进行阐述。在风格的学习上提出"执正以驭奇"的主张。为抵制南朝"浮诡""讹滥"的文风作出了一定的贡献。《文心雕龙》在风格学方面的广泛考虑，是中外古典文学理论中少见的。

在批评论方面，刘勰提出"因内符外""沿波讨源"的主张。他还分析了"音实难知，知实难逢"的多种原因，并提

出"六观"，要求从六个角度去观察作品。以求全面。为了克服文学批评过程中的片面性和主观性，他对批评者的修养提出了要求，其中最主要的就是"博观"，即要广泛地学习、观察、分析、鉴别。在《文心雕龙》各篇的举例中，就运用了他的批评原则对各个朝代有代表性的作家作品进行了客观具体的批评。在《通变》中运用朴素的辩证观点阐述继承和革新的关系，对文学的演变提出了初步的看法。

刘勰《文心雕龙》的主要贡献，在于他从大量的书卷中，发现了文学的特点，从写作实践中总结出写作规律，特别是文学创作的理论。这种创作理论对于现代的写作实践，在某些方面是值得鉴赏的。他的声律论，对唐代律诗的形成，具有一定的促进作用。对于唐代以后的文评、诗话，也发生了深远的影响。他关于修辞理论，也有很多精辟独到的

见解。这些在今天的语文教学中还是经常沿用的。

但是刘勰对诗歌的看法是比较保守的，在文学作品所反映的内容方面，他详于自然景物，而忽略了社会环境。由于时代和社会的局限，他所强调的、主张的所谓正确内容，无非是儒家的仁、孝之类，并没有结合当时的社会。刘勰是一个脱离社会斗争的文人，他"确乎正式"的唯一标准，就是儒家的经书。而在他评价作家作品的时候，也是以儒家经典作为理论根据的。这使他对作家作品的评论、对某些文学理论的阐发，产生了极大的影响。特别是"宗经""徵圣"等儒家思想对于他的文学理论有不少消极影响。这一方面是我们不应忽视的。他对文学与现实、内容与形式等问题的理论探讨，也没能做到深入、全面，对文学体裁的认识也比较混乱。在文学继承关系上，他偏重技巧，还有循环发展的意味。在论述批评标准时也带有浓厚的封建色彩，所以，对于作家作品的批评就不能够准确恰当。在创作理论方面，他的理论体系还不够完整，没能够认识到社会生活是创作的唯一源泉。但是，这并不妨碍《文心雕龙》成为中国文学理论批评史上一部名副其实的"体大而虑周""笼罩群言"富有卓识的专著，成为中国文学理论批评史上的一份十分宝贵的遗产。

刘勰在钟山定林寺著成的中国第一部文学百科全书《文心雕龙》，受到了世界上许多国家的理论工作者越来越多的注意和重视。在中国，对《文心雕龙》的研究、注释、翻译著述颇多。现存最早写本为唐写本残卷（藏北京图书馆）。以上海古籍出版社影印元至正本为最早版本，并有《四部丛刊》影印明嘉靖本。通行本有清人黄叔琳本。为《文心雕龙》注释的有范文澜《〈文心雕龙〉注》、周

振甫《〈文心雕龙〉注释》、张长青、张会恩《〈文心雕龙〉诠释》、杨明照《〈文心雕龙〉校注拾遗》等。校订的有张立斋《〈文心雕龙〉注订》、王利器《〈文心雕龙〉校证》等。白话翻译的有陆侃如、牟世金《〈文心雕龙〉译注》、赵仲邑《〈文心雕龙〉译注》、姜书阁《〈文心雕龙〉绎旨》等；另日本学者兴膳宏、户田浩晓二人合作《〈文心雕龙〉注》等。

这部影响深远的巨著发展到今天，已在国内外形成了专门的学科"文心学"，又称"龙学"。《文心雕龙》目前已有韩、日、英、意、德五种文字的译本，全世界十多个国家的学者对它作了研究，先后共发表过学术论文近3000篇，出版过专著210多部。